1 Grand prix
2 Médailles d'or
10 Médailles d'argent
5 Médailles de bronze
3 Mentions honorables

Souvenir de Séoul

Corée

1900

1900

SOUVENIR

DE SÉOUL

CORÉE

Le Pavillon Coréen au Champ-de-Mars

I

Perdu sur les frontières ultimes du Champ-de-Mars, adossé à l'avenue de Suffren, le pavillon coréen reste ignoré de la foule : il semble que, par timidité ou modestie, la Corée ait voulu retrouver en ce coin écarté l'image de l'isolement où elle s'est longtemps complu. S'il en est ainsi, elle a réussi, peut-être au delà de ses désirs, car seuls les familiers de l'Extrême-Orient et les amis du jeune empire péninsulaire ont su aller découvrir cette gracieuse installation. Elle vaut cependant la peine, et pour plus d'une raison, d'être visitée. Il y a trente ans, la Corée restait encore dans l'isolement dédaigneux et craintif que, depuis plusieurs siècles, avaient seules interrompu les invasions de ses voisins, des Japonais et des Mantchous. A partir de 1876, elle traite, à demi contrainte, à demi persuadée, avec le Japon, puis avec les États-Unis, l'Angleterre, l'Allemagne, l'Italie, la Russie, la France ; en 1892, après diverses convulsions internes, la situation est à peu près la même, les traités sont exécutés, les étrangers, représentants diplomatiques, missionnaires, commerçants, circulent sans entraves, mais les institutions n'ont guère varié ; avec les étrangers, pas de confiance mutuelle ; à l'intérieur, une administration vieillie, vivant d'expédients, pas de routes, peu de commerce. Après la guerre sino-japonaise et la déclaration d'indépendance, tout change : on copie de plus ou moins près le Japon moderne, on réorganise l'armée et les finances, on donne des concessions de mines, on met en circulation des tramways électriques, des trains de chemin de fer, les étrangers sont partout comme conseillers, professeurs, ingénieurs. L'assimilation avec les États européens est-elle un fait accompli? non, sans doute, pas encore et fort heureusement. Pour entrer dans le « concert européen », il a fallu vingt-cinq ans au Japon, à partir du jour où il en a conçu le projet, et le Japon, qui y était préparé par deux siècles de fréquentations européennes à Nagasaki, a su garder bien des traits de son génie national. La Corée nouvelle date de cinq ans à peine, il faudra encore quelques années pour qu'une évolution analogue soit réalisée : du moins est-elle entamée de manière, semble-t-il, à ne pas s'arrêter; ce seul point déjà est important pour qui, ayant vu la Corée tout asiatique de 1890, voit le Tai-Han d'aujourd'hui à l'Exposition universelle.

Ce ne sont donc pas des machines perfectionnées, des produits industriels modernes qu'il faut aller chercher au pavillon coréen; le développement économique du pays n'en est pas encore là. La Corée est avant tout agricole, elle a de riches et vastes forêts très giboyeuses, elle possède des chevaux, une superbe race de bœufs, ses côtes abondent en poissons, en algues comestibles; elle produit du charbon, de l'or. De tout cela, le visiteur peut prendre une vue rapide, grâce aux échantillons rangés et étiquetés dans des bocaux ; ces produits éminemment utiles seront abondants, dépasseront les besoins de la population, le jour où une administration régulière et juste n'entravera plus le travail de l'homme du peuple et où des routes et des chemins de fer permettront le transport des marchandises autrement qu'à dos d'homme ou de bête de somme. L'avenir économique s'ouvre donc assez riant pour la Corée, pourvu qu'elle sache réformer ses abus, prendre de la civilisation occidentale ce qui peut lui servir, les moyens de production et de communication rapides et peu coûteux, une justice plus égale, un système financier plus sévère et plus précis, pourvu aussi qu'elle laisse aux étrangers la folie des armements auxquels ses ressources un peu étroites ne sauraient suffire, et qu'elle prenne plutôt modèle, si faire se peut, sur la Belgique ou sur la Suisse que sur les grandes puissances.

II

Ce que l'on trouve au pavillon coréen, c'est un résumé de la civilisation du pays, et c'est là-dessus qu'il faut s'arrêter un instant. Voici des soieries diverses, de légères comme des gazes, d'autres épaisses unies ou brochées; beaucoup sont de teintes vives et heurtées, quelques-unes d'une harmonie très douce ; on sait quel travail patient et délicat il faut pour préparer la soie, la teindre, la tisser; l'existence de la soie dans un pays, c'est une promesse pour l'avenir, c'est aussi le signe d'une civilisation déjà singulièrement raffinée et délicate; les Coréens utilisent la soie de diverses espèces de chenilles, cette industrie leur est venue de la Chine, et ils y étaient déjà maîtres dans les premiers siècles de l'ère chrétienne. La métallurgie en cuivre est très avancée; la vaisselle des riches Coréens est tout entière en un laiton d'une couleur et d'une sonorité parfaites ; les bols à couvercle, les coupes, les vasques, de tailles et de formes diverses, sont d'un galbe très simple et très pur, d'une régularité géométrique. D'autre part, à Hpyeng-yang, on a longtemps ouvragé le fer pour en orner des coffres avec une délicatesse qui rappelle le travail de certaines gardes de sabre japonaises ; un joli spécimen de ces meubles de Hpyeng-yang est placé à droite de la salle. Les incrustations d'or et d'argent sur fer sont d'un art souvent gracieux, toujours très achevé. La porcelaine moderne est relativement grossière; mais on trouve fréquemment des fragments, parfois des vases entiers, dont la fabrication remonte à quatre ou cinq cents ans, et dont la terre est revêtue d'un bel émail gris avec dessins sous couverte. La céramique coréenne présente encore d'autres types moins connus, et dont l'origine est mal établie; elle a depuis plusieurs siècles ses amateurs fanatiques au Japon: M. Collin de Plancy, chargé d'affaires de France en Corée, dont les collections ornent l'exposition coréenne, par un don fait au musée de Sèvres a permis aux amateurs français de se faire une idée de ces produits céramiques nouveaux pour eux. L'ébénisterie produit des coffrets de bois incrustés de nacre, des meubles en bois divers à ornements de cuivre, des cabinets d'écaille qui, par leur élégance et leur bon goût, ne seraient déplacés dans aucune demeure. Faut-il citer pour l'ameublement ces nattes ornées de caractères ou d'animaux d'un dessin large un peu schématique; suivant leur nature, elles servent de jalousies devant les fenêtres, de tapis, de divans ou matelas pour une population qui vit accroupie et qui laisse toujours ses chaussures à la porte extérieure de la maison. L'exposition nous présente toute une curieuse collection de chaussures, depuis les sabots montés sur deux planches de dix centimètres de haut, taillés dans un seul bloc et qui, ressemblant aux *geta* japonaises, servent comme elles pour les temps de pluie, jusqu'aux mignons souliers brodés des femmes de la noblesse (les femmes coréennes, sans aucun artifice, ont le pied fort petit). Nous voyons aussi d'intéressants bijoux, des épingles, des cassolettes en filigrane d'or, des couteaux de luxe à manche et gaine en bois, jade, métal sculpté, ciselé, incrusté, orné de mille manières. Et un peu plus loin, pour compléter l'histoire du costume, des mannequins : l'homme en deuil avec son costume de chanvre écru et son énorme chapeau de paille, en forme de tronc de cône, d'un mètre de diamètre à la base; le mandarin en uniforme ordinaire, puis en costume de cour; le garde royal vêtu de couleurs voyantes avec des plumes de paon au chapeau; dans une autre vitrine, un costume de commandant en chef, ayant, dit-on, une origine historique, casque, longue cotte d'étoffe vermillon, doublée, ouatée, ornée de métal. Je regrette seulement de ne pas voir une collection complète des chapeaux, elle eût été curieuse, car le peuple coréen a inventé et porte encore quelques-unes des coiffures les moins pratiques et les plus étranges qu'on puisse imaginer. Mais celui qui serait désireux de pousser plus loin cette étude, la pourrait poursuivre dans les collections du Musée Guimet, qui n'est pas très éloigné de l'avenue de Suffren.

III

Un mot maintenant sur les arts en Corée; regardez, avant d'entrer, le pavillon même, copie d'une de ces salles royales qui sont les appartements d'apparat des palais, les chapelles du culte des anciens souverains. Un soubassement rectangulaire en pierre avec balustrades et degrés d'accès; au centre, ménageant un large promenoir tout autour, le bâtiment rectangulaire; un toit en tuiles grises alternativement convexes et concaves, qui assurent l'écoulement de l'eau, et dont les jours et les ombres rompent la teinte uniforme; le toit est élevé, fort incliné, l'arête faîtière horizontale; les quatre arêtes d'angle descendant en courbe gracieuse, parfois avec une cassure au tiers de la longueur, sont relevées par des figurines fantastiques en terre cuite; ce toit, un peu lourd, est porté sur des colonnes cylindriques d'un rouge vif, l'affleurement des poutres de la charpente est sculpté, peint de blanc, noir, bleu, vert, de toutes couleurs voyantes qui, je ne sais comment, et surtout sous la splendide lumière de Corée, s'harmonisent et soutiennent, enlèvent ce toit un peu massif, lui donnant une légèreté qui étonne quand on y regarde de près. C'est là toute la construction, car les murs, quand il y en a, ne sont que du remplissage, et toujours, sur les deux façades antérieure et postérieure, sont remplacés par de hautes portes en bois plein dans le bas, en une sorte de moucharabiyeh à un mètre et demi du sol. A l'intérieur, la construction s'accuse avec autant de simplicité : le sol dallé ou tapissé de papier huilé, les colonnes rouges et les moucharabiyeh du pourtour, le plafond à caissons peints et sculptés : on peut voir la photographie d'un beau plafond de ce genre dans cette publication. Ce style architectural est chinois d'origine et, comme les Coréens, les Japonais l'ont imité; mais, si les deux empires de l'ouest et de l'est ont construit des bâtiments plus vastes, plus somptueux, si le Japon surtout, avec son étonnant génie artistique, a multiplié les variantes, a diversifié les profils, a su être, suivant les âges et les lieux, simple, riche, orné, la Corée a conservé à ce style une austérité, un bon goût qui ne sont pas sans grâce. D'ailleurs, l'architecture coréenne connaît aussi la variété, et toujours, tant elle profite habilement du pittoresque naturel, on croirait le monument destiné à rehausser le paysage, le paysage fait exprès pour mettre en valeur le monument : témoin cette massive porte du Palais flanquée de deux animaux fantastiques et se profilant sur la base boisée du Paik-ak, témoin ces forteresses en pierre brute juchées sur le haut des montagnes et dont les murs se perdent entre les torrents et les grands arbres, et la gracieuse ville de Syou-ouen, reconstruite il y a un peu plus d'un siècle par un roi qui s'y voulait retirer après son abdication et que la mort a surpris avant qu'il eût terminé son œuvre; témoin encore les bonzeries, comme celle de Ryong-tjyou, isolée au milieu d'une forêt de pins, de rhododendrons et de pêchers, et les tombes avec leurs *tumuli* à balustrades de pierre, leurs statues parfois gigantesques, leurs salles des sacrifices, tout cela au milieu des arbres, sur un gazon verdoyant, avec des points de vue ménagés sur la mer semée d'îles, sur les courbes des fleuves; témoin enfin cette gracieuse porte de Chine, *yeng eun moun*, la porte où l'on va recevoir le bienfait impérial, signe de vassalité, a-t-on dit, et comme telle, abattue par un patriotisme inintelligent qui l'a remplacée par un lourd monument de style prétendu européen, mais que j'appellerais bien plutôt barbare, alors qu'il était si facile d'enlever l'écriteau malencontreux et d'y en substituer un qui fût approprié à la politique nouvelle. Mais le vandalisme est de tous pays.

S'ils apprécient la nature et la savent encore embellir, les Coréens savent aussi la transporter sur le papier ou la soie par la broderie et la peinture : un paravent brodé, placé à gauche dans la salle coréenne, une vitrine entière d'albums peints donneront une idée de cet art coréen, plus vivant, plus observateur que l'art chinois des derniers siècles, sans atteindre à la fantaisie, à la richesse, à la vérité sobre de l'art japonais. Je n'ai pas vu, à côté des peintures, de produit de l'art sculptural coréen; cependant, j'ai eu parfois l'occasion de contempler tel Bouddha de bois doré, dont le visage exprime avec une profondeur rare la mansuétude et la pitié. Mais cette partie de l'exposition coréenne mériterait plus qu'une mention rapide; je souhaiterais qu'un catalogue fût dressé et enrichi de reproductions de celles de ces peintures qui sont au Champ-de-Mars, de celles bien peu nombreuses que l'on pourrait encore trouver autre part dans les collections ; ce serait un premier document pour servir à l'histoire des arts dans ce pays, dont les maîtres, aux VIIe et VIIIe siècles, ont été les premiers initiateurs des Japonais.

Il me reste à parler des livres coréens : plusieurs vitrines leur sont consacrées, et c'est justice. Beauté du papier, épais, résistant, de trame cotonneuse, parfois mat, parfois poli, et d'un ton d'ivoire; grandeur des formats; tracé élégant, sobre et plein des caractères qui flattent l'œil, et sont véritablement parlants; illustrations encore un peu raides et hiératiques, mais souvent bien simples et gracieuses. Il m'est revenu que ces vitrines ont été, pour quelques amateurs bibliophiles, une révélation. Le public, en effet, ignorait jusqu'ici qu'il y eût en Corée une imprimerie et une littérature florissantes, mais ce n'est pas ici la place de répéter à ce sujet ce que j'ai déjà dit ailleurs (1). Je rappellerai seulement que les Coréens ont imprimé au moyen de planches gravées avant le Xe siècle, qu'en 1403 et peut-être plus tôt, ils ont inventé les types mobiles, que des collections européennes, celle de l'École des Langues orientales, par exemple, due en grande partie à M. Collin de Plancy, renferment de nombreux et intéressants ouvrages coréens.

S'il est une leçon à tirer de l'exposition coréenne, n'est-ce pas une leçon de modestie? Voilà un peuple peu nombreux, peu fortuné, dont l'histoire extérieure depuis plusieurs siècles ne compte guère que des invasions subies et repoussées avec peine; à travers toutes ces difficultés, il est resté lui-même, il a conservé les arts et la civilisation reçus jadis de la Chine et enseignés par lui au Japon. Il y a peu d'années, l'Europe l'ignorait et, avec son orgueil habituel, l'aurait volontiers traité

(1) *Bibliographie coréenne, tableau littéraire de la Corée*, par MAURICE COURANT, 3 volumes grand in-8 (Paris, Ernest LEROUX, 1894-1896).

de barbare ; et la première fois qu'il se manifeste parmi nous, c'est en mettant sous nos yeux les monuments d'une civilisation complexe et délicate qui a précédé la nôtre sur bien des points, même pour ce qui est une des gloires du monde moderne, pour l'imprimerie. Cessons de nous croire d'une essence supérieure au reste de l'humanité : nous en vaudrons mieux moralement, et nos affaires n'en iront pas plus mal. Le Gouvernement impérial coréen a fait des frais pour envoyer à Paris les collections qui, avec celles de divers particuliers, figurent dans son pavillon ; il a montré qu'il dirige un pays civilisé d'ancienne date, tout prêt à s'assimiler quelques-unes de nos idées et de nos industries ; il a fait voir ce qu'il est, et donné en même temps une leçon aimable à notre orgueil : il n'a pas perdu son argent et nous pouvons le remercier.

MAURICE COURANT.

S. M. L'Empereur de Corée.

S. A. I. Le Prince héritier de Corée.

M. Collin de Plancy, Chargé d'Affaires de France à Séoul.
Promoteur de l'Exposition Coréenne à Paris.

S. E. Prince Ming-Young-Tchang, Président
d'honneur de la Commission Coréenne à l'Exposition de 1900.

Tyo-Pyong-Sik, président du Conseil des ministres.

Tyo-Pyong-Sik, président du Conseil des ministres.

Salle du Trône. Vieux Palais de Séoul.

Trône de Sa Majesté l'Empereur de Corée.

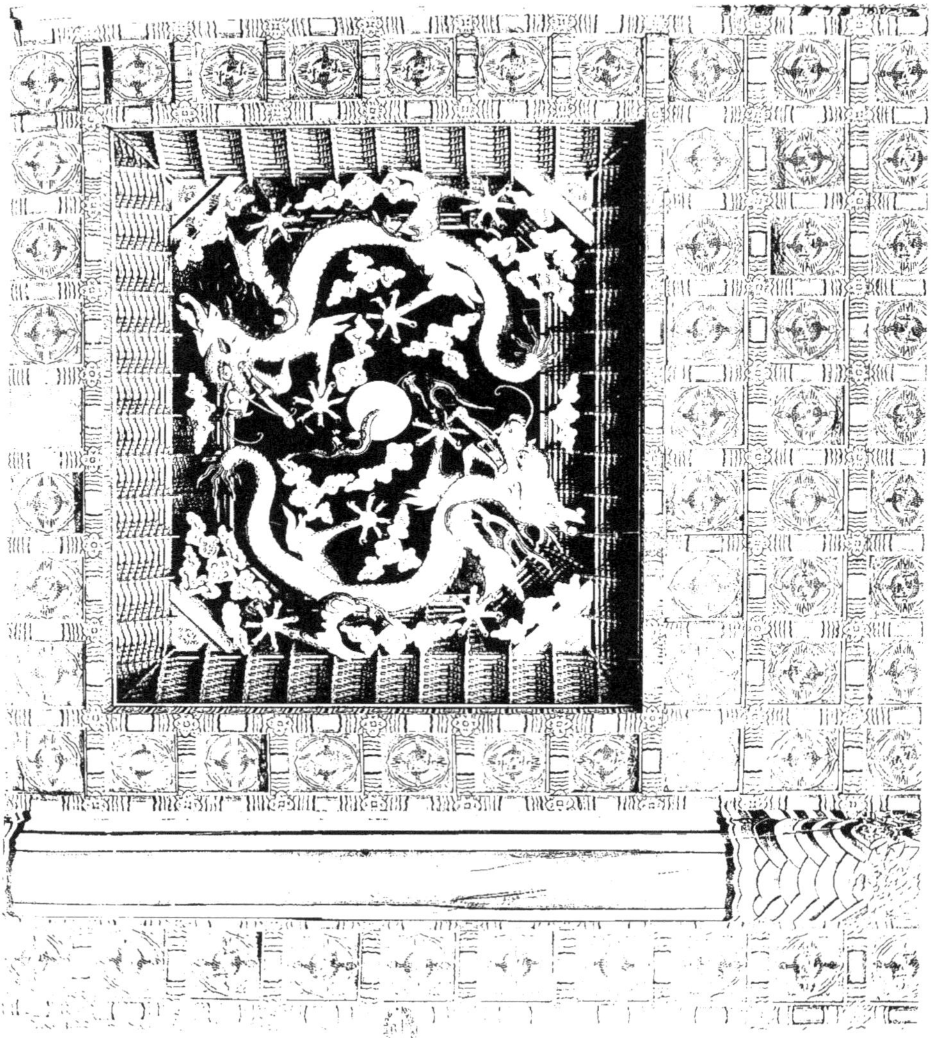

Plafond de la Salle du Trône, Vieux Palais de Séoul.

Salle des portraits. Vieux Palais de Séoul.

Appartement où la Reine s'était réfugiée et où elle a été assassinée en 1895 — Vieux Palais de Séoul.

Palais de Justice et du gouverneur de la Ville de Séoul.

Une rue de Séoul.

Porte du Vieux Palais de Séoul.

M. Schott, directeur des Fermes Impériales Tcha-kol Montagne sacrée, d'après une légende le jour où il n'y aura plus d'arbres sur la montagne la Corée disparaîtra, aussi quiconque coupe un arbre, est puni de mort.

Vieux Palais des Mûriers à Séoul. *Date du treizième siècle.*

Tireurs à l'arc dans le Vieux Palais des Mûriers à Séoul.

Danseuses du Palais.

Un quartier de la ville de Séoul.

Intérieur de maison coréenne. — Femme pilant le riz.

Vieux tombeau d'un grand seigneur coréen.

Marchands de charbon coréens.

Marchand de nougat coréen.

Intérieur de maison coréenne.

Musiciens chassant les mauvais esprits.

Femmes coréennes repassant le linge.

Famille coréenne revenant du marché

Paysan Coréen allant au marché.

Pont à Séoul.

Enfant Coréen glanant du bois.

Enfants Coréens jouant au cerf-volant.

Marchand ambulant.

Chanteuse et musiciens Coréens

Maître d'école.

Enfants Coréens jouant aux sapèques.

Dame du Palais. — Coiffure de cérémonie.

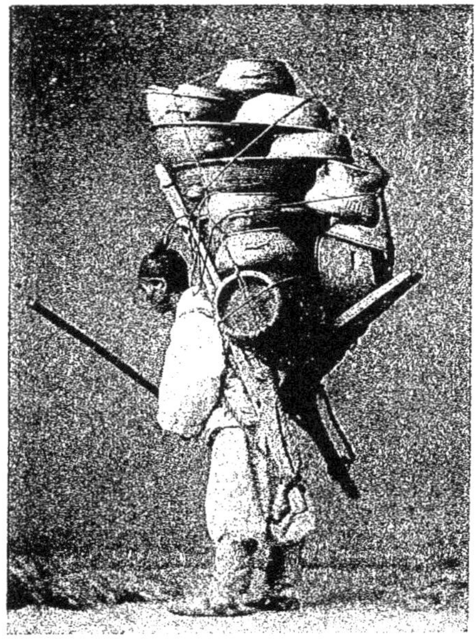

Colporteur de vases.

Femme du peuple.

Coréen en vêtement de deuil.

Demoiselle Coréenne.

Costume d'ancien Général Coréen.

Dame de la bourgeoisie en Corée.

Ancien agent de police Coréen.

Borne kilométrique en Corée.

Tombeau du Taï Houen-Koun près de Yong-San.

Hutte de paysans coréens.

Halte dans un village coréen

www.ingramcontent.com/pod-product-compliance
Ingram Content Group UK Ltd.
Pitfield, Milton Keynes, MK11 3LW, UK
UKHW031953260826
14628UKWH00005B/2012

9 782012 871694